CUANDO UN AMIGO SE VA...

CUANDO UN AMIGO SE VA...

(A los que lloran un ser querido)

Marco Antonio Garibay Morales

Grupo Editorial Tomo, S. A. de C. V.
Nicolás San Juan 1043
03100 México, D. F.

8a. edición, febrero 2003.
9a. edición, julio 2003.
10a. edición, agosto 2004.
11a. edición, enero 2005.
12a. edición, noviembre 2005.

© *Cuando un Amigo se va...*
Marco Antonio Garibay Morales

© 2005, Grupo Editorial Tomo, S.A. de C.V.
Nicolás San Juan 1043, Col. Del Valle
03100 México, D.F.
Tels. 5575-6615, 5575-8701 y 5575-0186
Fax. 5575-6695
http://www.grupotomo.com.mx
ISBN: 970-666-010-0
Miembro de la Cámara Nacional
de la Industria Editorial No 2961

Diseño de portada: Emigdio Guevara.
Supervisor de producción: Leonardo Figueroa

Impreso en México - *Printed in Mexico*

A Don José, Doña Beatriz, Chepina y Carlos:

Espero que este pequeño libro logre, poco a poco, transformar esas lágrimas, desesperación e incertidumbre en un bello recuerdo de alguien tan especial e irrepetible que siempre nos acompaña y nos cuida.

A Raúl, Silvia, Vivi y Mariano:

Gracias por el apoyo, el cariño y la confianza que me han brindado a lo largo de mi vida. Vaya un beso a ustedes y a nuestros dos "pequeños angelitos" que ven por nosotros y nos alientan para seguir adelante.

Tato

INTRODUCCIÓN

La muerte de un familiar o amigo cercano es una de las experiencias más dolorosas y terribles que cualquier ser humano puede vivir. El hecho de pensar que nunca más lo veremos, lo escucharemos o lo sentiremos cerca de nosotros, nos hacen sentir un enorme vacío en nuestra vida.

En este pequeño libro, encontrarás una respuesta concreta y sincera que, lejos de manifestar cierta creencia religiosa o fanatismo, es tan verdadera que en pocos días te encontrarás más tranquilo y contento de haber cambiado tu manera de pensar con respecto a la muerte.

No intento decirte que el dolor se irá, pero sí te aseguro que con el tiempo lograrás cambiarlo por una sonrisa y un bello recuerdo de esa persona que ahora piensas distante o perdida.

Quizá te lleve un tiempo acostumbrarte a que esa persona que tanto quieres y necesitas ya no esté a tu lado físicamente, pero de una cosa debes estar seguro, no te ha abandonado, pues ahora más que nunca está tan o más cerca de ti.

Espero que **"Cuando un Amigo se Va..."** ilumine ese oscuro túnel en el cual te encuentras, y que te ayude a seguir luchando para que cada día de tu vida sea una nueva oportunidad de estar con esa persona tan especial para ti.

Marco Antonio Garibay M.

EL DUELO LLEGA A NUESTRA VIDA

Seguramente, cuando estés leyendo este pequeño libro estarás pasando por la pena de haber perdido a alguien muy importante en tu vida. El estado de ánimo por el cual atraviesas es uno de los más difíciles y únicos para cada una de las personas que lo experimentan.

Muchas veces, al perder a un ser amado, sentimos un enorme vacío en nuestras vidas y en nuestros corazones, pues nos empezamos a dar cuenta de que se ha ido y de que no volverá a estar físicamente con nosotros. Ya no podremos verlo en las mañanas ni hablar con él mientras comemos; ya no estará con nosotros en las fiestas familiares o en las reuniones con los amigos.

Esta incertidumbre de encontrarnos solos en nuestra pena, sólo manifiesta un sentimiento egoísta, pues lo que en verdad estamos manifestando tras la muerte de una persona cercana, es el hecho de quedarnos sin él o ella, lamentarnos por nosotros, por lo que sentimos, por lo que perdimos.

Al principio, tras la partida física del ser querido, muchas personas se sumen en un inmenso dolor, el cuál, es bueno manifestarlo, sentirlo y desahogarlo, pues esto hará que con el paso del tiempo todo esa angustia y desesperación se vaya transformando en un bello recuerdo de alguien muy significativo en nuestras vidas.

Sin embargo, la muerte de una persona se siente diferente en cada uno de nosotros; y no importa que tú y yo hayamos perdido a un hijo, nuestros sentimientos y penas serán diferentes a las de todas las demás personas que hayan perdido a su hijo. Lo mismo pasa con los padres, los hermanos, los esposos, familiares y amigos.

Esta, es quizá una de las razones por las que no haya una fórmula para solucionar el inmenso dolor de perder a alguien físicamente. No obstante, debemos todos de aprender a seguir adelante, pues si nuestras metas en la vida y nuestra felicidad se ven estancadas por el hecho de haber perdido a alguien, estaremos dejando pasar una gran oportunidad de avanzar como seres humanos y de volver a reunirnos con todos los que se nos han adelantado.

En esta parte del duelo las creencias y devociones de cada una de las personas juegan un papel sumamente importante, pues en muchos casos, gracias al buen uso de ellas se ha podido salir airoso de este tipo de situaciones. La inmensa mayoría de las personas son católicas o creen fervientemente en el cristianismo.

Con esta concepción en la mente, podemos reconfortarnos al saber que nuestro ser querido ha ido a un lugar muy especial y muy bello, pues durante su vida, corta o larga, siempre fue una persona apegada a una fe que nos ha indicado siempre el camino correcto.

Sin embargo, si tú no has practicado una religión ni has creído jamás en que exista otro lugar al cual llegaremos después de morir físicamente, en tu cabeza empezará a rondar la idea de que esa persona que tanto amaste mientras estuvo contigo, se ha perdido y ya no existe más.

Este tipo de sentimiento puede volver loco a cualquiera, porque te sientes solo, abandonado y desesperado por el hecho de que tu padre, madre, hermano, esposo, esposa, hijo o un amigo se ha perdido.

Inclusive, existen personas que creen en una religión y a la hora de perder a un ser querido, empiezan a dudar y a cuestionarse seriamente a dónde han ido a parar esas personas que se nos han adelantado.

Este tipo de manifestaciones es perfectamente normal en todas las personas, pues en verdad nunca se han interesado en investigar o documentarse acerca de la muerte, pues pueden pensar que el hecho de hacerlo es llamarla y atraerla a nuestra vida.

Ninguno de nosotros debe tener miedo a la muerte, pues es algo por lo cuál todos tendremos que pasar tarde o temprano, por lo que en verdad debemos de preocuparnos es por hacer bien las cosas mientras estamos en este mundo; debemos hacer nuestro mejor esfuerzo por ser felices y por no dañar a nadie, pues de ello depende, en gran parte, que en el momento de nuestra muerte lleguemos a ese lugar tan hermoso e inimaginable al cual han llegado miles de personas.

LA PARTIDA DE
UN SER QUERIDO

Distintas pueden ser las causas por las cuales tu ser querido ha dejado este mundo. Algunas veces, esa persona que te ha dejado es alguien mayor, que ya había vivido varios años y que estaba cerca de su partida.

En otras ocasiones, el ser que se va ha enfrentado una larga enfermedad y por fin ha llegado la hora de librarse de ella; también hay quienes estando en la flor de su vida, dejan de estar con nosotros físicamente debido a algún accidente.

Cualquiera que sea tu caso, es lógico que te duela la partida de esa persona. Quizá, tuviste el tiempo suficiente para despedirte de ella, de decirle lo mucho que la querías y lo mucho que le agradeces que haya estado contigo en todo momento.

Si este es tu caso, quizá te sea menos difícil asimilar la pérdida física y te encuentres tranquilo y sereno. Pero si tú eres de los muchos que jamás esperaron la partida tan súbita de un ser querido, seguramente te será sumamente difícil digerir este trago tan amargo. Te sientes solo y triste de no poderle haber dicho adiós, de no haber tenido el tiempo suficiente para demostrarle tu amor, de no haberle dicho lo importante que era para ti.

Muchos psicólogos comentan que, mientras más cercana e intensa sea la relación que se lleve con la persona que ha muerto, más doloroso y difícil será el entender el hecho de que ya no se encuentre entre nosotros.

Es por ello, que si tus padres, un hermano, tu pareja, tus hijos o un amigo han partido de este mundo, tendrás que poner de tu parte todas las fuerzas que te queden para lograr salir adelante, pues de lo contrario te hundirás y nadie podrá ayudarte.

Es muy común escuchar a personas decirnos que *"todavía tenemos mucho por qué vivir"*, y aunque en el momento no lo logremos entender o captar, es muy cierto. Seguramente toda tu familia y amigos estarán contigo y te harán sentir su apoyo y cariño, y es por ti y por ellos que debes de luchar para superar el mal momento y demostrar que eres fuerte y que pueden contar contigo de la misma manera en que tú estás contando con ellos.

Es lógico que al principio tratemos de negar la existencia de la muerte; muchos de nosotros pasamos horas, días y hasta semanas negando el hecho de que esa persona tan especial haya partido de nuestras vidas. Otros, pasamos día a día como **"zombies"**, sin querer comer y durmiendo mal, pues a cada instante nos despertamos sobresaltados y angustiados.

Cualquiera que sea tu situación, es importante que la enfrentes cuanto antes, pues esa será la única manera de salir adelante. Si en el momento quieres gritar, llorar o enfurecerte contra todo y contra todos, es bueno que expreses lo que sientes, que no te quedes con nada dentro.

Una vez que hayas logrado sacarlo todo, te recomiendo que participes activamente en el funeral; decide qué tipo de arreglos florales deben de estar mientras velan a tu ser querido, decide dónde estarán sus cenizas o el lugar donde lo sepultarán. Esto, contrario a lo que te puedes imaginar, te ayudará a enfrentar con realidad el lamentable hecho.

Si logras participar y estar consciente de todo lo que estás experimentando, estarás dando el primer gran paso hacia la superación del trauma que te puede provocar la partida física de tu familiar o amigo.

RABIA, CULPA, DEPRESIÓN Y ACEPTACIÓN: ETAPAS INICIALES

Como te lo mencioné anteriormente, las circunstancias que rodearon la muerte de tu ser querido pueden variar y son diferentes para cada uno de nosotros. Sin embargo, existen cuatro etapas iniciales por las que todos los que hemos tenido la pérdida de un ser querido hemos pasado.

La primera de ellas es la rabia. En cuanto nos damos cuenta de lo que ha pasado, sentimos que la cabeza se nos calienta y estallamos en contra de todo lo que pudo haber provocado la partida de nuestro familiar o amigo. Comenzamos a gritar y a luchar, muchas veces sin razón alguna, tratando de buscar al o los responsables del lamentable hecho.

Si la muerte fue accidental o alguien más tuvo la culpa, tratamos de irnos sobre esa persona con la única y absurda intención de prácticamente **"vengar"** el mal que nos ha hecho.

Si la muerte fue por una enfermedad, una operación o cualquier causa médica, seguramente iremos y reclamaremos a los doctores que atendieron a nuestro familiar; recriminaremos y hasta trataremos de actuar judicialmente para que el cuerpo médico **"pague su error"**.

Y si la muerte fue por causas naturales, vejez o enfermedad terminal, recriminaremos a Dios —si creemos en Él—, al destino o al mundo mismo que nos haya quitado a alguien valioso y querido por todos. Comenzamos a maldecir y a recriminarle a todos que todo lo que se predica dentro de nuestra religión no es más que mentiras y absurdos.

Estos ejemplo muy generales, seguramente concuerdan con la pérdida que acabas de sufrir, así que seguramente te has visto reflejado en cualquiera de ellos. No te preocupes si en verdad actuaste de esa manera; es lógico que cuando te quitan o pierdes algo que amas mucho, te dé coraje, rabia y busques por todos los medios posibles recuperarlo.

Piensa que si la mayoría de los seres humanos, al perder una mascota, una chamarra o algo muy especial para ellos, pasan varios días pensando dónde podrán recuperarlo, ¿qué no harán por tratar de recuperar a su esposo, a su hijo o a su madre?

Esta primera etapa es la más dolorosa y la que menos nos deja pensar con claridad al respecto. En nuestra cabeza no hay espacio más que para la ira y el rencor en contra de todo.

Una vez que termina esta etapa, aparece en nuestra vida el sentimiento de culpa. Empezamos a pensar que ha sido culpa nuestra el que nuestro ser querido haya muerto.

Si la muerte es la de un menor de edad, comenzaremos a culparnos por el hecho de haberlo dejado ir de campamento, de haberlo dejado salir a jugar a la calle, de haberlo dejado sólo por un momento, etc.

Si por otro lado, esa persona que nos ha dejado se trataba de una persona adulta, la culpa será nuestra pero de manera distinta. Seguramente comenzaremos a pensar en que deberíamos haberla acompañado a ese viaje; que deberíamos haberla llevado al doctor antes; que deberíamos haberle demostrado que en verdad la amábamos; que no deberíamos haberle dicho lo que le mencionamos, etc.

Y si se trataba de una persona mayor, nos recriminamos el hecho de no haberla atendido mejor; de no haberle tenido paciencia; de no pasar mayor tiempo con él o ella; de no haberla entendido; de no comprender que la vejez la hacía lenta y olvidadiza, etc.

Como podemos ver, la etapa de la culpa puede sacar de nosotros todo lo que pensamos hicimos mal y que ya no podemos remediar. Aquí, si no logramos superar nuestros sentimientos, nos enfrentaremos a una encrucijada muy peligrosa, pues nos puede llevar a una calle sin salida.

Pensemos que lo sucedido no ha tenido nada que ver con nosotros; que el motivo de su partida ha sido ajeno a nuestro poder. Intentemos entender que nosotros jamás desearíamos que algo así pasara, y que el hecho de que haya sucedido estaba fuera de nuestras manos.

Si no logramos hacer lo anterior, la tercera etapa, la depresión, puede llevarnos a hacer cosas realmente inconscientes. Además, la misma depresión puede provocarnos insomnios, enfermedades, cansancio crónico y una inmensa tristeza que, a la larga, nos llevará a fracasar como seres humanos.

Todos sabemos perfectamente que para poder funcionar bien, no necesitamos de nadie, sino de nosotros mismos. Por ello, y aunque parezca cruel, debemos pensar que si nuestro trabajo y nuestra situación es buena, no se debe al esfuerzo de nadie, sino a la dedicación y ganas que ponemos para realizar las cosas.

Lógicamente, las personas que te rodean y amas son un gran aliciente en tu lucha diaria, y la pérdida de una de ellas puede tambalearte un poco, pero tu trabajo y tu vida deben seguir adelante. En los capítulos siguientes lograrás entender mejor lo que te digo ahora.

Finalmente, y una vez superadas las tres etapas anteriores, llega a ti la aceptación y la resignación de la muerte física de tu amigo o familiar. Si una mañana despiertas y te das cuenta de que esa persona tan especial ya no se encuentra físicamente contigo y logras hacer tus rutinas diarias sin pesar y sin amargura, habrás llegado a la cuarta etapa.

Esta etapa es permanente, y aunque en ocasiones puedes regresar a cualquiera de las tres anteriores, una vez ubicado en la última, lograrás ver lo equivocado que estabas en un principio y, asimismo, dejarlas atrás inmediatamente.

PACIENCIA Y COMPRENSIÓN, PRIMER PASO HACIA ADELANTE

Quizá después de haber perdido a alguien físicamente te encuentres en el estado anímico menos indicado para poderte pedir paciencia y comprensión, sin embargo, tarde o temprano debes lograrlo, pues de lo contrario, la gama de sentimientos que experimentas estará constantemente contigo.

Una vez más te digo que el dolor y la pena por lo acontecido nunca se irán, pero si lo deseas y entiendes lo que te menciono, lograrás tener una concepción más amplia acerca de la **"muerte"** y del lugar hacia donde se dirigen las personas que parten físicamente.

La mayoría de las veces lloramos la partida de alguien y nos duele demasiado el hecho de saber que ya no lo veremos como todos los días, sin embargo, este sentimiento es sumamente egoísta, pues estás pensando en tu sufrimiento y en tu pena, no en la de la persona que ha partido.

Por ello, te recomendamos que analices un poco lo acontecido y que trates de ser fuerte, pues aunque duele es posible transformar ese dolor en alegría y esperanza.

No pienses que esto es imposible, pues tú, al igual que yo y muchos más que han perdido a alguien importante en su vida, han logrado salir adelante, y hoy en día, han cambiado esa lágrima y triste memoria de un ser querido, por una sonrisa y un bello recuerdo.

Primero que nada, me gustaría que comprendieras que la paciencia no es sentarse a esperar que las cosas pasen, sino actuar con la debida cautela y con el conocimiento de que las cosas están pasando; que el curso de la vida sigue y que debes estar tranquilo, no tratando de precipitar hechos o cosas.

Si tú eres paciente, lograrás ver, oír, saborear y actuar de acuerdo al momento. Por ello, tómate tu tiempo para llorar, para gritar y para desahogarte del dolor que sientes, pero una vez hecho esto, con calma, trata de volver a realizar tus actividades cotidianas, pues de lo contrario, estarás precipitando acciones que no corresponden aún; y lo que es más peligroso, dejarás de vivir intensamente cada momento.

La paciencia es una de las mayores virtudes con las que contamos los seres humanos. Si la usas adecuadamente, llegará el momento para cada cosa y para cada instante. No desesperes, el alivio de tu pena está por llegar, pero si no tienes tu mente tranquila y clara, nunca verás cómo llega a ti ese consuelo que tanto ansías.

Por lo que se refiere a la comprensión, es importante que tu dolor no te ciegue o no te permita analizar las cosas como en verdad pasan. Si en tu mente hay claridad de pensamiento, será mucho más sencillo que logres comprender tres importantes puntos.

Por lo general, cuando estamos muy tristes o enojados, dejamos de pensar claramente y es cuando realizamos acciones que, con el tiempo, nos hacen arrepentirnos de no haber pensado mejor las cosas. ¿Cuántos de nosotros en un momento de estos no hemos cometido un acto indigno o estúpido, y después hemos tenido que pedir disculpas?

Bueno, pues por esto, es sumamente importante que tengas la mente clara y lista para comprender los siguientes puntos. Primero que nada, debes entender que la pérdida es sólo un hecho aparente para tus sentidos. Esto se debe a que hemos vivido en la creencia de que cuando alguien muere se va de nosotros para siempre y nunca más lo veremos.

Quizá algunas religiones o creencias te hagan creer ciertas imágenes que, aunque pueden ser reconfortantes en ciertos momentos, no son tan verdaderas. Asimismo, el no creer en nada también es un grave error, pues las personas que así piensan están cerrando cualquier posibilidad de superación espiritual.

Debemos entender que hay leyes de la naturaleza que, por desconocimiento, creemos inexistentes o con fallas, sin embargo, son sencillas verdades que, si en verdad lo deseas, puedes estudiar en diversos libros.

Otro punto que debes entender, es que el lugar en donde se encuentra tu familiar o amigo no debe preocuparte. La vida después de la muerte se rige bajo leyes naturales muy similares a las que conocemos en nuestro mundo material. El cielo y el infierno son imágenes creadas por personas que trataron, hace miles de años, de mantener bajo su yugo a numerosos creyentes.

Y por último, debes comprender que si tú muestras tristeza o aflicción por la partida física de tu ser amado, no estás más que haciendo un daño muy grave a él o ella, pues donde están ahora, pueden sentir y percibir tu dolor. Esto no hará más que detener su camino.

Deja ya de preocuparte por esa persona; al contrario, demuéstrale lo mucho que la amas con una sonrisa y con buenas acciones. Así, además de demostrarle lo mucho que la amas, estarás ayudándole para que vaya por el nuevo mundo al que se enfrenta.

Más adelante, trataremos de ahondar en cada una de las cuestiones que te hemos planteado en este pequeño capítulo. Por ahora, queremos que la paciencia y la comprensión se graben perfectamente en tu mente, pues estas dos cosas son la base para poder salir adelante en tu vida.

MUERTE FÍSICA

Si piensas que lo que te he mencionado hasta el momento no es más que una conjetura o algo vago, me gustaría saber en lo que te basas para afirmar algo contrario. Muchas veces las enseñanzas de diversas religiones se basan en interpretaciones sobre escrituras sagradas o en creencias generales que se han hecho **"verdades"** a través de los años.

No te pido que creas ciegamente en lo que te digo, al contrario, me gustaría mucho que, al igual que yo lo hice, te adentraras en el estudio de este acontecimiento (la muerte). Verás como lo que trato de explicarte está basado en hechos reales y comprobables. La muerte física de alguien muy querido por mí me hizo investigar y lograr entender lo que te menciono.

Esto, además de darme una amplia perspectiva sobre la vida y la muerte, me ha reconfortado y me ha hecho muy feliz, pues sé dónde y cómo están los que se han adelantado.

Este sentimiento tan bello, me gustaría compartirlo con todos los que han perdido a alguien importante, pues sé por lo que pasan y mucho de lo que sienten. Tu dolor puede ser diferente, pero aún así sé bien que sufres por no poder entenderlo. Abre tu mente y tus sentidos y verás que la dicha y la felicidad retornan a tu corazón.

Seguramente te has podido dar cuenta de que constantemente te he mencionado a lo largo de las primeras páginas el hecho de una muerte o partida **"física"**. Bueno, pues esto es lo que en verdad ha pasado, tu familiar o amigo solamente ha dejado de ser un cuerpo físico.

Entendamos que todo ser humano consta de un cuerpo **"físico"** y un cuerpo **"espiritual"**. Muchas personas llaman a este segundo **"alma"**. Si logramos comprender lo anterior, será muy fácil ver que el cuerpo físico de la persona no es más que la vestimenta que el cuerpo espiritual o alma utiliza para ser visto en este mundo material.

El cuerpo no es el hombre; el hombre es alma, y lo que comúnmente se conoce como muerte, no es más que el quitarse la vestimenta física que envuelve al alma. Por consiguiente, lo que llamamos muerte no es el fin de la persona, al contrario, es el inicio de una nueva etapa.

Teniendo en cuenta esto, te será más fácil tratar de entender que lo que tu amas de esa persona que se ha quitado su ropaje exterior es el alma, y como ésta es inmortal, el amor que sientes lo puedes seguir expresando de la misma manera que siempre lo has hecho. Así pues, todos los seres humanos somos inmortales, pues somos una chispa del Fuego Divino.

Ahora bien, no te digo que el cuerpo físico y el espiritual sea uno después del otro; no quiero que pienses que al despojarte del primero aparece el segundo. Todos tenemos ambos cuerpos, y cuando nos deshacemos del físico, nos quedamos solamente con el espiritual.

Algo muy importante, y que puede llegar a sorprenderte y a hacerte entender mejor lo anterior, es el hecho de que no sólo cuando **"morimos"** nos deshacemos del cuerpo físico.

Cada noche, al caer dormidos, nuestro cuerpo espiritual se separa por instantes del físico, logrando salir y estar en contacto con un mundo espiritual por algunos momentos. Y al igual que cuando estamos despiertos vemos, tocamos y sentimos cosas materiales, cuando nos encontramos en el mundo espiritual nos es posible ver otros cuerpos espirituales, pues nos encontramos en un nivel superior.

Este es el motivo por el cuál puedes llegar a ver, hablar y estar en contacto con personas que ya no están más en el mundo material. Asimismo, en el mundo espiritual, cualquiera de nosotros puede hacer cosas que en el mundo material serían imposibles. La razón de ello, es que las leyes y reglas que hay en el mundo espiritual nos permiten tener ciertas **"virtudes"** para poder realizar actos o acciones correspondientes a este mundo espiritual.

¿Quién de nosotros no se ha visto volando o realizando actividades imposibles para cualquier "mortal"? Bueno, pues la condición por la cuál pasamos cuando caemos dormidos es la misma por la que nuestro familiar o amigo está pasando ahora que ya no está físicamente en este mundo material. La única diferencia, es que él o ella ya no puede regresar y ponerse su cuerpo material, y tendrá que irse acostumbrando poco a poco a desenvolverse en el mundo espiritual en el cual se encuentra.

Si tú eres de los que siguen creyendo en un Cielo y en un Infierno, en que Dios castiga y nos hace sufrir por algo malo que hicimos, te digo que esto no es verdad, pues ¿cómo es posible que Dios, ese ser perfecto y lleno de amor, sea capaz de hacernos daño? Entendamos que las leyes divinas y naturales que rigen el Universo están hechas para el bien de todos y cada uno de los seres que lo entendemos. No es posible seguir en la remota idea de un juicio final y del castigo; despertemos ya a la nueva era, pues sólo así lograremos subir los escalones hacia la perfección.

Entiende que todos los seres que habitan el Universo somos almas, y algunos de nosotros todavía nos encontramos viviendo en un mundo material.

Ahora bien, lo poco que conocemos de este mundo material, lo hemos hecho a base de nuestros sentidos; vemos objetos, percibimos sensaciones, olores y sabores.

Sin embargo, hay elementos tan tenues que sólo nuestro cuerpo espiritual puede llegar a conocer. Estos elementos, pueden llegar a ser descubiertos por todo el que en verdad lo desee, lo único que debemos hacer es utilizar nuestro cuerpo espiritual. Con ello, lograremos apreciar las maravillas y beneficios que el mundo material y espiritual tienen para nosotros.

Lamentablemente, la inmensa mayoría de los seres humanos no tienen conciencia de esto y pasan por la vida material sin poder disfrutar de todas las bondades que ella ofrece. Asimismo, al no tener el más mínimo conocimiento acerca de la muerte física, viven con la incertidumbre y la zozobra de no lograr entender hacia dónde vamos.

Una vez que entiendas lo que te menciono, todo tu dolor, soledad y tristeza por la partida física de tu familiar o amigo se irán transformando en una esperanza y en un anhelo de que sólo se ha desprendido de su cuerpo físico, pues su alma es inmortal, al igual que lo es para todos y cada uno de nosotros.

LA MUERTE NO ES EL FIN, ES TAN SÓLO UN PASO MÁS

Muchas veces, cuando estamos en el penoso momento de dar el último adiós al cuerpo físico de la persona amada, no falta alguien que se acerque y nos mencione que él o ella estarán siempre con nosotros.

Seguramente lo dicen para hacerte sentir mejor, pero no se están dando cuenta en verdad de que lo que dicen es cierto. Su concepción acerca de la muerte es similar a la de muchos que desconocen en verdad qué es lo que pasa.

No obstante, debemos entender que la muerte física no es el fin de algo, sino un paso que el alma da; es decir, el paso de una vida a otra. Como te lo he mencionado, sólo se desprende de su **"ropaje"** material.

El cuerpo físico que ahora ha abandonado, ha servido para que esa persona se comunique y aprenda a conocer lo que hay en el mundo material. Si no hubiera tenido su cuerpo material, le hubiera sido imposible participar y existir con todos nosotros y, por consiguiente, hubiera sido imposible que nosotros nos percatáramos de su presencia física.

El cuerpo espiritual, que es el que le queda, está formado también de materia, sólo que ésta es imperceptible para nuestros sentidos materiales. Y como su cuerpo material le sirvió para contactar todo lo material de este mundo, su cuerpo espiritual le será de gran ayuda para mantener el contacto con el mundo superior o espiritual en el cual se encuentra ahora.

Si logramos entender esto, veremos que el hombre o mujer que han dejado su cuerpo material, sólo han sido perceptibles ante nosotros por ese cuerpo y no por el espiritual, y aunque ya no podremos tocarlo ni escucharlo en este mundo, debes estar seguro que sí lo puedes hacer en el mundo espiritual.

Piensa que si tú también tienes alma, y ella es inmortal, puedes seguir en contacto con esa persona en el mundo espiritual, pues tanto tu alma como la de la persona que ahora lloras, pueden seguir unidas como siempre.

Muchos de nosotros crecimos con la idea equivocada acerca de la muerte, sin embargo, conforme pasan los años, vamos cuestionando sobre este tema. Las respuestas que se nos dan son vagas y sin fundamento alguno y por ello empezamos a dudar sobre algo tan natural.

Si logramos abrir nuestra mente y entendemos que la muerte no es el fin, pronto lograremos ver que en nuestros sueños podemos estar en contacto con las personas que se han quitado su cuerpo físico.

Piensa por un momento en alguno de tus sueños. Seguramente en ellos has visto, hablado o hasta tocado a una persona que tiene cierto tiempo de haber partido de este mundo. Esto, no es más que un ejemplo de que lo que te digo es cierto. Tu alma y la de la persona en cuestión siguen unidas y nada ni nadie podrá separarlas jamás. Por ello, debes entender que si alguien muere físicamente, su alma siempre se quedará contigo.

Los procesos de la naturaleza son tan maravillosos como incomprensibles para todo aquel que no logre abrir su mente y entenderlos. Sin embargo, no por ello deben carecer de razón y sentido, pues de lo contrario, se dará pie a creencias equivocadas.

En estos momentos sientes un gran dolor y soledad pues no has comprendido aún o no has tenido a alguien que te diga lo que en verdad sucede cuando llega la muerte física.

Sin embargo, ahora que estás abriendo tu mente y empiezas a comprender el proceder de las leyes naturales y perfectas del Universo, la tranquilidad y la paz llegarán nuevamente a ti, pues sabrás que esa persona tan especial que sentías perdida para siempre, aún se encuentra junto a ti.

Sé perfectamente que en un principio te parecerá imposible, no obstante, recuerda que tú te encuentras aún en un mundo material y físico, y que tus sentidos sólo logran captar lo material y físico. Por ello, la mayoría de las veces no estarás consciente de la presencia de tu ser querido mientras estés despierto, pero durante las noches, seguramente tendrás la oportunidad de reunirte y platicar con esa persona tan especial para ti.

LA MUERTE NO SE LLEVA AL HOMBRE, LO LIBERA Y LE DA PAZ

Como todo ser que habita este mundo material, la mayoría de nosotros encontramos imposible traer con claridad a este mundo lo que experimentamos en el espiritual durante el sueño. Esto, provoca que casi todos nosotros demos tan poca importancia a los sueños.

Pero, tomando en cuenta todo lo que te he mencionado, piensa que si nuestra memoria fuera perfecta y lográramos recordar todo lo que vivimos en el mundo superior, seguramente entenderíamos y comprenderíamos que la muerte no existe. Y no existe porque constantemente estaríamos en contacto con todos los que se han desprendido de su cuerpo físico.

Seguramente, en una o varias ocasiones, has tenidos sueños muy peculiares con personas que han llegado al mundo espiritual, y al despertar en la mañana siguiente, tienes una sensación de paz y tranquilidad indescriptible. Bueno, pues esto, no es más que la confirmación de que has logrado estar en contacto con ellos, y por consiguiente, la muerte que tú piensas te separa de tus seres queridos, no es más que una imagen errónea formada de tu concepción de la vida.

Entiende que el mundo material o inferior en el cual vivimos, está contenido en el mundo superior o espiritual, y gracias a esto, es muy sencillo para nosotros llevar los sentimientos de este mundo al superior, pero nos es muy complicado traer los del superior al inferior.

Estando en el mundo superior, liberados de cualquier impedimento físico, veremos desde otro punto de vista todo lo que nos atormenta, y además, tendremos el auxilio de nuestros seres queridos que, en su afán de vernos bien, nos ayudarán siempre que les sea posible.

Hay un dicho muy popular para cualquier persona que está pasando por un problema o que tiene alguna duda sobre algo trascendente en su vida y que dice: **"Debes consultarlo con la almohada"**. Bueno, pues esto, no es más que tratar de encontrar la mejor solución a algo material en el mundo espiritual.

Y no es raro que, siempre que nos vamos a la cama con algún problema en mente, a la mañana siguiente amanecemos con una clara imagen de lo que debemos hacer, y si seguimos este instinto, los resultados siempre serán positivos. Con esto, lo que en verdad estamos haciendo es liberarnos de cualquier obstáculo físico de este mundo material, logrando tener otra perspectiva acerca de lo que nos acontece.

Entendiendo esto, veremos que en la vida que llevan nuestros "muertos" hay enormes variaciones con respecto a lo que estaban viviendo en este mundo. Pero cualquiera que fuera su actividad en este mundo, cuando se encuentran en el superior, se habrán logrado deshacer de cualquier obstáculo o impedimento que este mundo les haya impuesto.

Dejemos de una buen vez de pensar que alguien que deja este mundo físico llega a un cielo o a un infierno fabricado por malas interpretaciones de las escrituras sagradas. La muerte física no cambia en lo más mínimo a la persona, ésta siempre será la misma.

El llegar al mundo espiritual no le dará a nuestro familiar o amigo la sabiduría extrema ni lo llevará a ser diferente a lo que era cuando partió de este mundo material. Continuará con los mismos sentimientos, las mismas emociones y el mismo desarrollo intelectual. Lo único que ha cambiado, es que su cuerpo físico, con todas sus **"ventajas"** y **"limitaciones"**, ha dejado de pertenecerle.

Nuestro familiar o amigo, a la hora de llegar al mundo espiritual, tendrá plena libertad de realizar actos que, en el mundo material, le eran imposibles. Recordemos que en este mundo material todos tenemos que llevar a cabo actividades que, nos gusten o no, debemos realizarlas, pues de lo contrario nos veremos en situaciones penosas.

Pocos son los hombres y mujeres que, estando en este mundo, llevan a cabo un trabajo o actividad que les agrade. Y aún cuando se trate de hacer algo que nos gusta, llega el momento en que nos cansa o nos aburre. Por ello, cuando arribamos al mundo espiritual, nos veremos libres de tener que hacer algo que no nos guste.

En el mundo espiritual no necesitamos alimento, dinero, abrigo o cosas materiales que, en este mundo, lamentablemente son necesarias para poder vivir. Si en este mundo material deseábamos subir la montaña más alta y observar todo lo que nos rodea, y no lo podíamos hacer por nuestras actividades cotidianas, en el mundo espiritual lo podremos hacer pues ya no tendremos que cumplir con nuestras obligaciones materiales.

La libertad de la que goza cualquier persona que ha dejado el mundo material es tan inmensa que muy pocos podemos comprenderla enteramente. Es por ello que al principio, cuando una persona se desprende de su cuerpo físico, se encuentra sorprendido y asustado de esta maravillosa sensación.

Ahora bien, si entendemos que la muerte es el paso de una vida a otra, y de que las personas no cambian en absoluto, podremos estar tranquilos al imaginarnos a nuestro pariente o amigo que en este mundo tenía ciertas limitaciones u obstáculos, pues ahora es tan libre como el viento y puede hacer todo lo que siempre quiso.

Y si la persona que acaba de dejar este mundo material fue alguien de buenas costumbres, actos nobles y que daba amor a sus semejantes, cuando llegue al mundo espiritual será más feliz que nunca, pues los pocos impedimentos que sentía en el mundo material han desaparecido para siempre, y por consiguiente, logrará tener actos aún más valerosos e importantes que lo harán llegar a otros planos de manera más rápida.

Tomando esto en cuenta, y analizando fríamente el proceder de la persona que nos ha dejado físicamente, podremos saber que si ella ha tenido durante su estancia en este mundo tendencias o actos equivocados, al llegar al mundo espiritual se sentirá triste y desubicado.

Por ejemplo, si en este mundo tenía ciertas adicciones a la comida, al alcohol, al sexo, a la avaricia o a cualquier acto contrario a las leyes naturales, cuando llegue al mundo espiritual y no encuentre nada de en lo que se excedió, tardará en lograr aprender a vivir y a superarse.

Pero no debemos preocuparnos por esto, pues aunque nuestros familiares y amigos pasarán por un momento difícil en el mundo espiritual, siempre se encontrarán con la ayuda y la guía de alguien que los orientará. Y una vez logrado esto, empezarán a gozar como todos de las maravillas de ser libre de cualquier atadura.

Te recuerdo una vez más que esto no es el castigo a una vida llena de excesos y malos actos, sino una consecuencia natural de los hechos. Si en el mundo material haces cosas que te dañan como fumar, comer en exceso, etc. pagarás las consecuencias de ellas. Esto mismo se aplica cuando pasas de un mundo a otro. No pensemos en un premio o un castigo, sino en una consecuencia lógica de nuestros actos.

¿SABEN LOS MUERTOS LO QUE HACEMOS Y DECIMOS?

Una vez que hayas logrado comprender lo que te he mencionado hasta ahora, seguramente te interesará saber si la o las personas que han dejado su cuerpo físico saben lo que haces y piensas.

Muchas personas, temerosas de hacer cosas que molesten a sus **"muertos"**, viven en constante zozobra, pues temen que hacer o decir algo pueda molestar o afectar a los seres desaparecidos.

Esto lo podemos ver cuando se trata de alguien que ha perdido a su pareja, pues piensan que si empiezan a relacionarse con otra persona están faltando a la memoria o están engañando el amor que una vez juraron a una persona que ya no está con ellos físicamente.

Este tipo de creencia o pensamiento está lejos de ser verdad, pues aunque las personas que habitan hoy el mundo espiritual tienen contacto con nosotros, lo hacen de la misma manera en que nosotros los contactamos a ellos.

Si recuerdas bien lo mencionado anteriormente, cuando estamos dormidos es el momento en que entramos al mundo espiritual y podemos estar, hablar y consultar con ellos cualquier tema. Bueno, pues lo mismo sucede con ellos; cuando estamos dormidos en el mundo material, estamos despiertos en el espiritual y viceversa. Por ello, cuando estamos conscientes en el mundo material, para nuestros seres queridos estamos dormidos.

Esto no quiere decir que ellos no sepan nuestro estado de ánimo. Si estamos tristes o preocupados, cuando dormimos y llegamos al mundo espiritual, no hay manera de ocultarlo, así que nuestros amigos o familiares sabrán cómo estamos en verdad.

No obstante, ellos no escuchan nuestras palabras o ven nuestros actos cuando estamos despiertos en el mundo material. Imaginemos a una persona que queda dormida; nosotros podemos hablarle y platicarle cosas pero ella no entenderá ni responderá a lo que decimos o hacemos, pues su cuerpo espiritual está en un mundo superior. No obstante, si la persona tiene un mal sueño o problemas al dormir, nos daremos cuenta perfectamente de lo que sucede. Así pues, sabemos que algo le pasa o le preocupa, pero no sabemos en realidad qué es.

Esto mismo sucede con la persona que está en el mundo espiritual, si en nuestro mundo material pasamos por dificultades o problemas, él o ella se dará cuenta de que estamos inquietos e intranquilos, pero no sabrá a qué se debe. Se podrá enterar una vez que estemos en el mundo espiritual y lo expliquemos, no antes.

Ahora bien, si entendemos que nuestro cuerpo espiritual es el vehículo de nuestros sentimientos y emociones, lo que nuestros **"muertos"** verán con mayor claridad serán éstos. No sabrán a ciencia cierta qué nos aflige, pero sí tendrán muy claro que algo malo está sucediendo con nosotros.

Asimismo, si ven en nosotros alegría y bienestar, sabrán perfectamente que no hay problema, que vamos bien y que estamos contentos. Una vez más te digo que no sabrán el motivo de nuestra alegría o tristeza, pero sí sabrán exactamente cómo nos encontramos.

Esto, te puede dar la pauta a seguir durante tu vida material, pues si te presentas a tu familiar o amigo triste, provocarás en él o ella un retroceso en su camino hacia un mundo superior; lo preocuparás y lo seguirás atando al mundo material que ya ha dejado para progresar.

Y por el contrario, si te le muestras alegre, tranquilo y lleno de paz, además de estarte ayudando a ti mismo a salir de la pena de su **"muerte"** (infundada como ya lo hemos visto), estarás dándole un enorme impulso hacia su progreso, pues lejos de preocuparse por lo que ha dejado en el mundo material y de cómo ayudarte a salir adelante, estará enfocado a gozar de su libertad y de lograr progresar como hijo de Dios.

Así pues, debemos saber que las personas que nos han dejado físicamente saben perfectamente de nuestros sentimientos y emociones, pero desconocen los detalles de nuestros actos y palabras en el mundo físico.

Y si tú eres de las personas que han **"perdido"** a su pareja, el hecho de buscar otra persona con quien compartir tu vida, no es faltarle el respeto a tu ser querido; no pienses en que vas a suplir ese hueco que hay en tu vida.

Recuerda que todos somos diferentes; no trates de comparar o de buscar a otra persona parecida, trata de encontrar la felicidad y tranquilidad que necesitas, pues esto hará que te muestres bien ante tu pareja, y además de lograr sentirte bien, lograrás que él o ella progresen en su mundo espiritual.

Y si tú eres de los que van al cementerio todos los días a llevarle flores o de los que guardan sus cenizas en un lugar donde los puedas ver a diario, te recuerdo que estos actos no son de su conocimiento, pues recuerda que para él o ella estás dormido y no sabe qué es lo que haces.

No obstante, este noble acto puede ayudarte a sentirte mejor día a día y a luchar porque la tristeza de haber perdido a alguien importante (que ahora sabes infundada) deje de una buena vez tu vida.

¿PODEMOS CONSULTAR A NUESTROS "MUERTOS" SIEMPRE?

Como te mencioné en páginas anteriores, el mundo espiritual se rige bajo ciertas leyes naturales distintas a las que rigen al mundo material en el cual nos encontramos. Asimismo, cuando llegamos al mundo espiritual, dejando atrás el mundo material, debemos adaptarnos y tratar de regirnos bajo esas leyes para lograr superarnos y progresar como hijos de Dios.

Tomando esto como base, debemos entender que cualquier persona que llega al mundo espiritual debe tener metas y objetivos más elevados que los que tenía cuando se encontraba en el mundo material. Y aunque muchas de las cosas que debemos hacer en el mundo material y el espiritual tienen mucho en común, con respecto a buenas costumbres, acciones, pensamientos y sentimientos, hay una gran diferencia entre ambas.

Por ejemplo, siempre que vemos una injusticia en nuestro mundo material nos sentimos mal y en ocasiones tratamos de ayudar o de proporcionar ayuda a las personas afectadas. Sin embargo, y como ya lo sabes bien, muchas veces nuestra intención de ayudar se ve impedida o limitada por cuestiones materiales fuera de nuestro alcance. Esto no dejará de traernos beneficios, pues estamos tratando de ayudar.

Ahora bien, estando en el mundo espiritual, nuestro objetivo ya no se basará en cosas materiales sino en metas superiores. Estando una persona fuera de su cuerpo físico, debe dejar de preocuparse por cosas materiales correspondientes al mundo inferior que acaba de abandonar, pues si no lo hiciera así, nunca lograría el progreso natural de cualquier persona en el Universo.

Esto es muy importante tenerlo en mente, pues como ya lo sabes, puedes estar en contacto con las personas que han llegado al mundo espiritual, y de hecho, puedes consultarlos y pedir su ayuda cada noche antes de ir a dormir. Lo único que debes hacer es grabar fijamente en tu cabeza lo que quieres resolver, así como a la persona que acaba de partir de este mundo.

Con ello, al quedar dormido y llegar al mundo espiritual tendrás el contacto con la persona que quieres, y ésta podrá auxiliarte en tus conflictos materiales.

Esto, aunque puede reconfortarte y servirte para eliminar la angustia de tu supuesta pérdida, no hace más que mantener atada al mundo material a esa persona que se supone ya debería estar libre de cualquier asunto material.

Al principio te mencioné que la mayoría de las personas que viven la muerte física de un familiar o amigo cercano no hacen más que mostrar un sentimiento egoísta, pues el llanto y la tristeza es por saberse sin algo que ellos amaban. Bueno, pues si tú piensas que tratando de contactar a toda hora y por cualquier motivo a tu ser querido puede ser bueno, estás en un tremendo error.

Las constantes consultas o llamados que se hacen, retienen a esa persona en contacto con un mundo del cual ya se libró y que debe dejar atrás. Para una persona que no está preparada o no conoce toda esta verdad acerca de la muerte y acaba de dejar su cuerpo físico, le es muy difícil dejar de pensar, actuar y avanzar. Y si a esto sumamos el hecho de que nuestro egoísmo e insistencia de estar con ellos no los deja libres, entonces estaremos afectando enormemente su evolución.

Dejemos de pensar por un momento en nuestro sufrimiento —que como ya hemos visto es inútil—, y tratemos de ayudar a nuestros seres queridos a avanzar hacia nuevas y maravillosas metas. Tratemos de no interrumpir su ascensión hacia mundos mayores y desconocidos para nosotros.

Como te lo he mencionado, ellos saben perfectamente si algo nos molesta o preocupa con el simple hecho de vernos unos instantes. No insistamos en preocuparlos o molestarlos por problemas materiales que, únicamente nos toca a nosotros resolver. Ellos ya son libres y van en búsqueda de algo maravilloso y bello; si en verdad los queremos y amamos, no interrumpamos su evolución.

Ahora bien, si la persona que ha dejado el mundo material se ha ido con la vieja y arraigada idea de un cielo y un infierno o de creencias que se fueron enseñando de generación en generación y sin ninguna base científica o comprobada, seguramente al encontrarse en el mundo espiritual no sabrá qué hacer, pues todo eso es nuevo para ella.

Si esto ha pasado con alguien cercano a ti, tú puedes serle de enorme ayuda, al igual que muchas personas que llegan al mundo espiritual con pleno conocimiento de él. Lo único que debes hacer antes de dormir, es pensar en todo lo que has aprendido aquí acerca de la muerte y transmitirlo a tu ser querido.

Con ello, lograrás que su progreso sea más rápido y lograrás ir aclarando todas las dudas que él o ella tengan sobre el mundo que actualmente habitan. Recordemos que todo sufrimiento proviene de la ignorancia, y por consiguiente, al eliminar la ignorancia estaremos eliminando también cualquier sufrimiento.

Varios estudios realizados a lo largo de la historia, han demostrado científicamente que lo que dura nuestra vida material, hasta antes de lo que los hombres llamamos muerte, no es más que un sólo día de la verdadera vida de todo hijo de Dios.

Al igual que todo lo creado por Dios crece, se desenvuelve y progresa, de la misma manera cada uno de nosotros tenemos que pasar por diversas etapas antes de llegar a la culminación de nuestra existencia: *"La Chispa que ha emanado de Dios tiene que volver a Él; y estamos todavía muy lejos de esa Divina perfección"*.

Así como tú llegas del trabajo a tu casa, te quitas la ropa, te recuestas, duermes, descansas y te levantas al siguiente día para seguir tu trabajo exactamente donde lo dejaste el día anterior, de la misma manera cada ser humano, al llegar a ese paso entre un mundo y otro, regresa para seguir con el trabajo que aún no ha terminado.

Entendamos que la larga vida que cada alma tiene, durará hasta que alcancemos la Divinidad, claro, siempre conforme al plan y a las leyes naturales que rigen el Universo.

Me sería imposible adentrarme más sobre este tema, pues lo único que deseo en este pequeño libro es mostrarte que la muerte no existe como una separación o un fin; simplemente es un escalón que todos y cada uno de nosotros debe de pasar para lograr progresar como hijos de Dios.

CUANDO UN NIÑO DEJA EL MUNDO FÍSICO

Muchas personas que tratan de entender todo lo mencionado anteriormente, generalmente se consuelan pensando que la persona que aparentemente perdieron había vivido su vida, corta o larga, muy intensamente o de manera feliz.

Sin embargo, cuando es un niño el que deja su cuerpo físico, el dolor es más intenso y agudo, sobre todo para los padres. No obstante, y sabiendo que todos somos almas, también los niños llegan a ese mundo espiritual.

Los niños, cualquiera que sea su educación y formación, siempre pasan el tiempo jugando y haciendo cosas divertidas. Bueno, pues cuando llegan a este mundo espiritual, lugar donde tienen plena libertad, no hacen otra cosa más que ser ellos mismos. Ahí, no hay reglas ni horarios que los restrinjan; al contrario, se divierten con otros niños jugando y pasándola bien.

Todos sabemos que los niños imaginan constantemente ser personajes fantásticos, con hacer cosas imposibles en el mundo material. Pues ahora, pueden ser lo que ellos desean; ellos son los más felices de todos los que llegan al mundo espiritual.

Y no debes preocuparte pensando que se encuentran solos y no conocen a nadie. Recuerda que ellos, sin estar conscientes de ello, están también en contacto con sus padres, familiares o amigos. Los niños no pueden diferenciar el mundo espiritual y el material como lo hacen los adultos; asimismo, no pueden notar la diferencia de sus padres cuando entran en el mundo espiritual y cuando salen de él (recuerda que cuando dormimos entramos al mundo espiritual y cuando despertamos salimos de él); ellos siguen pensando que sus padres están con ellos y que les platican como siempre.

La muerte física de un hijo es muy difícil, y más si se trata de un infante; no obstante, si tenemos en cuenta cómo funciona el mundo espiritual, no debemos preocuparnos por lo que pueda pasarle a nuestros niños, al contrario, pensemos mejor en la inmensa dicha y alegría ininterrumpida de la cuál gozan en ese mundo.

Y si lo que te angustia es el haber perdido a un hijo recién nacido, piensa que en el mundo espiritual hay muchos brazos de madres que dejaron el cuerpo físico y alegremente los acogerán en su seno.

Muchas veces, estos niños descansan muy poco tiempo en el mundo espiritual, regresando a menudo rápidamente al material. Inclusive, pueden hacerlo de nueva cuenta con sus mismos padres.

Cualquiera que sea tu caso, si así ha pasado, piensa que los niños, además de no tener el más mínimo problema de adaptación al mundo espiritual, son tan o más felices que cualquier alma que ha dejado el mundo material. Al igual que cualquier alma que se ha desprendido de su cuerpo físico, los niños pronto iniciarán de nuevo su trabajo para lograr ascender y evolucionar.

PALABRAS
FINALES

Sé bien que en un principio dudarás de todo lo expuesto en estas páginas, pues todo lo desconocido o nuevo causa esa misma impresión en todos nosotros.

Sin embargo, la intención de haber puesto en tinta y papel el verdadero concepto de la **"muerte"** sólo busca que logres entender el proceso por el cual han pasado personas importantes en tu vida, y por el cuál tú también pasarás un día.

Mi intención no es convencerte de una teoría más sobre este respecto, sino de que en verdad logres conocer un hecho tan real y natural; que logres entender que la **"muerte"** no es el fin o la separación de alguien, sino un paso que ha dado hacia la superación y evolución.

El dolor y la soledad que sientes ahora no se irán inmediatamente; este proceso que no es de olvido sino de aceptación, adaptación y comprensión puede llevarte algún tiempo, pues es lógico que viviendo bajo normas y leyes equivocadas tu concepción sobre la **"vida"** y la **"muerte"** esté muy lejos de lo que en verdad son.

Si logras entender todo lo que he tratado de explicarte en este pequeño libro, lograrás muy pronto recordar a esa persona tan especial de una manera muy diferente a como lo haces ahora.

Espero que en estas líneas hayas encontrado la respuesta ha tantas preguntas que vienen a nuestra mente cuando perdemos físicamente a un ser querido.

Mi único deseo es que tarde o temprano logres cambiar esas lágrimas y reproches en contra de todo por haber perdido físicamente a alguien, y los conviertas en una sonrisa y en el bello recuerdo de haber convivido en el mundo material con alguien tan valioso y que te ha dejado tanto amor.

Espero que pronto encuentres el consuelo que te da el saber qué es lo que pasa en realidad y que lleves a cabo cada uno de los puntos mencionados, pues con ello, lograrás hacer que este paso de una vida a otra sea tan natural y bello como en realidad debe ser.

Marco Antonio Garibay M.

ÍNDICE

TÍTULOS DE ESTA COLECCIÓN

Esta obra se terminó de imprimir en
Programas Educativos, S.A. de C.V.
Calzada Chabacano 65- A Col. Asturias
C.P. 06850, Méx. D.F.

Empresa Certificada por el Instituto Mexicano
De Normalización y Certificación A.C., bajo las
Normas ISO-9002: 1994/NMX-CC-004: 1995
con el núm. de registro RSC-048 e
ISO-14001-1996/NMX-SAA-001: 1998 IMNC
Con el núm. de Registro RSAA-003